コミュニケーション練習帳

土倉玲子 Reiko Tsuchikura

Communication Exercise Book

ナカニシヤ出版

前書き

● 人間関係がうまくいかない理由

　わたしは長年カウンセラーをしています。対面実績で 1,500 人以上，加えてウェブ上の相談サイトに約 10,000 人の会員を持っています[1]。そんなカウンセリングの経験を通して思うのは，人間関係がうまくいかない人のコミュニケーションには，共通点があるということです。多くの人はそれに気づいていません。

● A 子さんの事例

　ある女性がカウンセリングにやってきました。A 子さんとしましょう。

　A 子「なんだか人間関係がすっきりしなくて……出会いから途中まではいいんですが，ある程度時間がたつと距離を置かれる。そんな感じなんです。営業の仕事をしているので，収入にも影響があるんです」

　A 子さんは 30 代の綺麗な方です。髪形や服装にも十分気を使い，女性としての魅力を感じます。聡明な方で，いろいろなことに興味もお持ちです。人間関係がうまくいかない？……最初は原因がわかりませんでした。

　しかし，ずっと話してみるとあることに気づきました。それは，彼女の言葉には必ず「でも」や「だけど」がつくのです。相手の言ったことに対して，いちおうは肯定的な受け答えをするのですが，

---

1) mixi「夫婦とは」会員数 6,481 人（2015 年 4 月時点）
　　「夫婦の幸せ応援コミュニティー」会員数 1,871 人（2015 年 4 月時点）
　mixi 外に「夫婦の幸せ応援サイト」会員数約 1,000 人（現在休止）

前書き

その後に否定がくることが多い。ご本人は気づいていないようです。加えて，日本語の場合，肯定の後に「でも」が続くと，でも以降の言葉が強調される傾向があります。

　ある日，わたしとの会話を録音してみました。それを二人で聞いた後，彼女に質問をしました。

　「なにか気づいたことはありませんか？」

　最初は何のことかわからないようでしたが，何度か繰り返して聞くうちに気づいたようです。

　「『でも』が多いですね。」

　それから約ひと月後，彼女はまたやってきました。

　「少しずつですが，人間関係がスムーズになってきたように感じます。お客様にも『もう少し話を聞かせてほしい』と言われることが多くなってきました！」と嬉しいご報告です。

● コミュニケーションの「〇〇が問題」から「こうすればよくなる」へ

　こんな風に，自分でも気づかない，ちょっとしたコミュニケーションの癖で，人間関係がうまくいかないことは少なくありません。そんな時に「どこが問題なのか」だけではなく，「どうすればよくなるか」をお伝えするのが，この本の目的です。

　本人も気づいていないコミュニケーションの癖を見出し，それをどう変えたらいいかを知ることで，案外人間関係はスムーズになるものです。そのためのガイドブックが「コミュニケーション練習帳」なのです。この本を読んだみなさんが，毎日のコミュニケーションを通して，温かい人間関係を満喫する……この本がそれを実現してくれたら，これ以上の喜びはありません。

目　　次

前 書 き　*1*

1　会話を始める─────────────────────*5*

◉楽しく会話を始めるために　*6*

◉相手を承認する　*7*

◉相手が答えやすい質問をする　*11*

2　会話で相手を元気にする──────────*15*

◉相手を元気にする表現①：「もう」と「まだ」　*16*

◉相手を元気にする表現②：「〜しかない」と「〜もある」　*18*

◉褒める　*20*

3　会話を弾ませる────────────────*25*

◉相手の価値観や評価を尊重する　*26*

◉相手の話をさえぎらない　*28*

◉好意と感謝を素直に伝える　*31*

4　話し合いをスムーズに──────────*35*

◉相手を非難しないで自分の不満を表現する方法①：
　Iメッセージと You メッセージ　*36*

◉相手を非難しないで自分の不満を表現する方法②：
　「どうして〜なのよ（なんだ）」を「〜してほしい」に　*38*

◉自分の意思をきちんと伝える表現法①：
　「どうも」の中身を正確に　*41*

目　　次

◉自分の意思をきちんと伝える表現法②：
　「ありがとう」と「すみません」　　*44*

5　正確な日本語を使う，正確に伝達する──*47*

◉正しい日本語を使う①：「よろしかったですか」など　　*48*

◉正しい日本語を使う②：「〜とか」　　*50*

◉相手に正確に情報を伝える表現：5W1H で伝える　　*52*

解 答 集　　*55*

索　　引　　*71*

◉実感コミュニケーション①　　*14*

◉実感コミュニケーション②　　*24*

◉実感コミュニケーション③　　*34*

◉実感コミュニケーション④　　*46*

1 会話を始める

スムーズに会話を始めるには？

楽しく会話を始めるために

相手を承認する
☞ p. 7　　相手の言葉を短く繰り返す

相手が答えやすい質問をする
☞ p. 11　　開かれた質問と閉ざされた質問

1 会話を始める

●楽しく会話を始めるために

　会話を楽しく始めるためには，まず相手が話せる状態にあるかどうかを確認することが大切です。自分が話したいからといって，相手の状態を無視して話しかけると，怒られてしまうことにもなりかねません。

　特に職場でわからない点が出てきて質問をする時には，相手がどういう状態にあるかを観察してからにすることが大切です。仕事が忙しくて目いっぱいになっている人に向かって，突然「○○がわからないんですけど，教えてください」と言うのは，「場の空気を読めない人」と思われても仕方がありません。

　あらかじめ約束してあった相手など，話してもいいことがはっきりしている場合以外には，いちおう確認の意味で，次のように聞いた方がいいでしょう。

　「今，お話してもいいですか」

　「もしよければ，お話を聞いていただきたいのですが」

　「ちょっとお時間をいただきたいのですが，いかがでしょうか」

　また，具体的にどれくらいの時間がかかりそうかを，あらかじめ告げておくと，相手が時間の予想がついて答えやすいでしょう。たとえば，

　「今，電話でお話しさせていただいてもよろしいでしょうか？　1,2分で終わると思いますが」

　「○○について，お聞きしたいのですが，いかがでしょうか？　5分（30分位）位で終わると思います」

　などです。

　コミュニケーションは常に相手に対する気遣いから始まります。話を始める時には，必ず相手の状態を観察し，話せる状態にあるかどうかを確認しましょう！

●相手を承認する

➡相手の言ったことを短く繰り返す＋あいづち or 関連情報 or 質問

　状況設定：Ａ子さんはここ数日体調がよくありません。最初は我慢していましたが，長引きそうなので病院へ行くことにしました。次の会話は医者とＡ子さんとの会話です。<u>Ａ子さんの気持ちになって，Ａ子さんの会話の部分</u>を埋めてください。

【会話1】
　Ａ子「先生，熱があって，のどが痛いんです。それから体の節々も痛みます。」
　医者「はぁ～，そうですか。それで？」
　Ａ子「　　　　　　　　　　　　　　　　　　　　　　　　　」

【会話2】
　Ａ子「先生，熱があって，のどが痛いんです。それから体の節々も痛みます。」
　医者「熱があってのどが痛い，それと体の節々が痛むんですね。わかりました。それでは～」

1 会話を始める

　A子「

　　　　　　　　　　　　　　　　　　　　　」

　いかがですか？　会話1ではA子さんが一生懸命医者に自分の症状を訴えているのに，医者はA子さんの症状を聞いてから，「はぁ～，そうですか」と気のない返事。その後に「それで？」。これは筆者の実体験です。苦しい症状があるから病院に来ているのに，「それで？」には驚き，そしてがっかりしました。それ以後二度とその病院へ行きませんでした。会話2では，医者はA子さんの訴えをきちんと聞いた後，A子さんの言ったことを短く繰り返しています。これはA子さんに対する承認です。「きちんとA子さんが言ったことを受け取りました」というサインです。これで安心してA子さんは，この医者に自分の健康を預ける気になるでしょう。

　コミュニケーションは感情のピンポン・ゲームです。それを可能にするには相手の言うことをきちんと聞くことが大事です。そして聞いていることを示すこと，つまり相手を承認することが重要です。「短く繰り返すこと」には，聞いていることを示し，自分の理解を確認し，相手にきちんと関心を払っていることを示す，それだけの効果があるのです。

　短く繰り返して，相手を承認した後，会話を発展させていくには，

●相手を承認する

三つの方法があります。「短く繰り返す＋あいづち」「短く繰り返す＋一言の情報追加」「短く繰り返す＋質問」の三種類です。それぞれについて説明します。説明の後に練習課題をやりながら進んでいきましょう。

「短く繰り返す＋あいづち」は，たとえば「試験に受かった」と報告してくれるA子さんに対して「えぇ～っ，A子さん試験受かったんだ！　よかったねぇ！」がそうです。この受け答えでは，「A子さん試験受かったんだ！」と相手の発言を繰り返して，「えぇ～っ」というあいづちをうち，「よかったねぇ！」で自分も喜んでいることを伝えています。それでは練習してみましょう。

■ 練習課題 ─────────────────────

●短く繰り返す＋あいづち

相手が言った言葉を短く繰り返して，あいづちを入れる練習

(1) 「○○大学のカフェテリアのカレー，おいしいよね。」

　→「
　　　　　　　　　　　　　　　　　　　　　　　　　　　　」

(2) 「昨日の日ハムの試合，惜しかったねぇ！」

　→「
　　　　　　　　　　　　　　　　　　　　　　　　　　　　」

(3) 「緑茶も紅茶ももとは同じだよ。緑茶を発酵させたのが紅茶。」

　→「
　　　　　　　　　　　　　　　　　　　　　　　　　　　　」

二つ目は「短く繰り返す＋一言の情報追加」です。追加する情報には3種類が考えられます。関連情報，自分の意見や感想，相手の気持ちを推察した言葉です。関連情報はたとえばどこかへ旅行に行く話

9

題が出たら，その土地の気候や文化，食べ物などを話題にします。自分の意見や感想は，たとえば「すごいですね」「がっかりですね」「素敵ですね」など，自分が考えたことや感じたことを伝えます。相手の気持ちを推察した言葉は，たとえば「試験だったんですね。お疲れ様でした」など，相手の気持ちを思いやる言葉を添えます。

● 短く繰り返す＋一言の情報追加
　相手が言った言葉を短く繰り返して，一言の情報追加をする練習
(1)「来週ニセコに行くんだよね。」
　→「

　　　　　　　　　　　　　　　　　　　　　　　　　　」
　　　　　　　　　　　　　　　　（繰り返し＋関連情報）

(2)「わが社は先代の社長の時代から，女性の雇用に力を入れていましてねぇ！」
　→「

　　　　　　　　　　　　　　　　　　　　　　　　　　」
　　　　　　　　　　　　　　　　（繰り返し＋自分の意見や感想）

(3)「私，先週インフルエンザだったの。」
　→「

　　　　　　　　　　　　　　　　　　　　　　　　　　」
　　　　　　　　　　　　　　　（繰り返し＋相手の気持ちを推察した言葉）

　三つ目は「短く繰り返す＋質問」です。質問をすることによって，会話をスムーズにしたり，話を拡大したり，深堀することもできます。会話をスムーズにする質問には，相手が言っていることについて具体的な内容を質問する方法があります。たとえば「最近体を鍛えていらっしゃるんですね。なにをやられているんですか？」などです。拡大する質問としては，相手が触れている話題の範囲を広げ

る方法があります。「○○さん，カラオケで歌うのがお好きなんですね。音楽を聴くのもお好きですか？」深堀する質問には，相手が差し出した選択肢以外の選択肢を提案する方法があります。たとえば「○○さん，ノースリーブの服はあまりお好きではないんですね。それでは半そでや長袖などはいかがでしょう？」などがあります。

●短く繰り返す＋質問

　相手の言ったことを短く繰り返して，質問を足す練習

(1)「私，ゴルフの練習をしてるんだけど，最近個人コーチについたの。」

　→「

　　　　　　　　　　　　　　　　　　　　　　　　　　　　　　」

(2)「フラダンスを始めてから楽しくて！」

　→「

　　　　　　　　　　　　　　　　　　　　　　　　　　　　　　」

(3)「体重が増えちゃって，少し減らしたいんだけど……」

　→「

　　　　　　　　　　　　　　　　　　　　　　　　　　　　　　」

◉ 相手が答えやすい質問をする

➡ 開かれた質問と閉ざされた質問

　状況設定：B男君は小学生です。B男君は本を読むのが好きではありません。お母さんのA子さんは普段から，B男さんの読書嫌いが気になっています。ある日，ふたりで一緒に本屋さんに行くことになりました。次の会話は本屋さんでのB男さんとお母さんのA子さんとの会話です。B男さんの気持ちになって，B男さんの会話の部分を埋めてください。

1　会話を始める

【会話1】

A子「B男，なにか読みたい本ないの？」

B男「

」

【会話2】

A子「B男，どんな本だったら興味がわく？　歴史モノ？　SF？
　　　推理小説？　それとも最近始めたパソコンのテキストなん
　　　かどうかな？」

B男「

」

　いかがですか？　会話1では，B男君はお母さんの質問に，「は
い」か「いいえ」でしか答えられません。普段から本が苦手なB男
君，突然「なにか読みたい本はないのか？」と聴かれたら，「特にな
い」と答えるしかないでしょう。それに対して会話2では，「どんな
本だったら興味が持てるのか？」と，B男君がいろいろな答え方が
できる質問をしています。さらにお母さんは，「歴史モノ？　SF？
推理小説？　それとも最近始めたパソコンのテキストなんかどうか
な？」と具体的な提案をしています。この質問のしかただと，普段
は本を読むのが苦手なB男君も，お母さんの提案の中から，なにか
一冊読んでみる気になるかもしれません。

　会話1と会話2の質問のしかたは，会話1が「閉ざされた質問」，
そして会話2が「開かれた質問」と呼ばれます。「閉ざされた質問」
は，相手が「はい」か「いいえ」の2択でしか答えられない質問，そ
して「開かれた質問」は相手がいろいろな答え方ができる質問のこ
とを言います。閉ざされた質問だと答えがふたつしかないので，会
話がそこで止まってしまう場合が少なくありません。でも相手がい
ろいろな答え方のできる質問だと，話がつながり，はずむ場合があ
ります。それでは実際に練習してみましょう。

12

◉ 相手が答えやすい質問をする

■ 練習課題 ─────────────────

●閉ざされた質問→開かれた質問
(注) ここでの練習問題は，提示された質問に対して，以下の→「　」
に直接答え，書き入れることではありません。提示された質問自体
を，閉ざされた質問から開かれた質問に変えることの練習です。
例：「もう少しまともな点をとれないのか？」に対してたとえば「と
れるわけないだろう」と答え，書き入れるのではなく，「どうしたら
もっと良い点がとれると思う？」という開かれた質問に変えてくだ
さい。

(1)「もう少しましな点とれないのか？」
　→「

　　　　　　　　　　　　　　　　　　　　　　　　　　　　」

(2)「今晩，食べたいものある？」
　→「

　　　　　　　　　　　　　　　　　　　　　　　　　　　　」

(3)「プロジェクトの進みが遅いな。期限までに間に合うのか？」
　→「

　　　　　　　　　　　　　　　　　　　　　　　　　　　　」

(4)「今，外国で行ってみたい場所はありますか？」
　→「

　　　　　　　　　　　　　　　　　　　　　　　　　　　　」

(5)（保育士が子どもに）「この野菜，嫌いなの？」
　→「

　　　　　　　　　　　　　　　　　　　　　　　　　　　　」

13

1 会話を始める

◉実感コミュニケーション①

⇨相手を承認する，要約する，他の人に伝える，相手の反応のある
　会話とない会話を比較する

（1）話し手と聞き手を決める

●聞き手はあいづちをうちながら興味を示して会話をする。（2分）

●聞き手はいっさいあいづちをうたずに会話をする。（2分）

（2）話し手，聞き手，観察者を決める

「5年後の私」について話し手は語り，聞き手はあいづちをうちな
がら，情報を足したり，質問したりして積極的に聞く（2分）。話し
手が話し終わったら，聞き手は話し手の話を要約して，観察者に伝
える（2分）。

2 会話で相手を元気にする

会話で相手を元気にするには？

会話で相手が元気になる表現とは
☞ p. 16　相手を元気にする表現①「もう」と「まだ」
☞ p. 18　相手を元気にする表現②「〜しかない」と「〜もある」
☞ p. 20　褒める

2 会話で相手を元気にする

●相手を元気にする表現①

➡「もう」と「まだ」

状況設定：A子さんとB男さんは同じ職場の同僚です。A子さんは今年の2月で40歳を迎えます。お誕生日当日の職場での会話です。A子さんの<u>気持ちになって「　」の部分</u>を埋めてください。

【会話1】

　B男「A子さん，もう40歳だね。」

　A子「

　　　　　　　　　　　　　　　　　　　　　　　　　　　　　」

【会話2】

　B男「A子さん，まだ40歳だね。」

　A子「

　　　　　　　　　　　　　　　　　　　　　　　　　　　　　」

　いかがですか？　40歳といえば，女性にとってはちょっと気になる年齢。「もう若くはない」という気持ちと，「いえいえ，まだこれからだ」という気持ちが入り混じる年齢です。自分の年齢について周りの人が言う一言一言が気になります。そんな中，会話1では，ストレートに「もう（すでに）40歳」という表現を使い，会話2では「まだ40歳」という表現を使っています。会話1ではA子さんは「冗談じゃないわ。私はまだ40歳よ！」と思ったかもしれません。会話2では「そうね，私もまだ40歳。人生の半分にも達してない。これから何ができるかワクワクするわ！」と思ったかもしれません。「もう40歳」の後には「もう若くはないし，これからもたいしたことないよね」と続きそうです。でも「まだ40歳」の後には，「まだ十分若いし，これからいろいろできそうだよね」と続きそうです。女性にとっては気になる年齢についての会話だけに，このふた

16

●相手を元気にする表現①

つの表現の違いは小さくなさそうです。

　上記の例の場合には「心の元気度＝まだ＞もう」ですが，「心の元気度＝まだ＜もう」の場合もあります。それでは実際に練習してみましょう。

■ 練習課題 ──────────────────

（1）英検一級を目指して勉強している人が
　　「英語検定，まだ２級なんだよね。」
　　（あなたがそれに対して）
　→「
　　　　　　　　　　　　　　　　　　　　　　　　　　　　　　」

（2）なにか始めてもあまり長続きしないと思っている人が
　　「英会話始めたんだけど，まだ半年。」
　　（あなたがそれに対して）
　→「
　　　　　　　　　　　　　　　　　　　　　　　　　　　　　　」

（3）フルマラソンに挑戦して走る練習をしている人が
　　「まだ 20km しか走れないんだよね。」
　　（あなたがそれに対して）
　→「
　　　　　　　　　　　　　　　　　　　　　　　　　　　　　　」

（4）仕事で忙しい人が
　　「もう今年に入って５ヶ月もたったか！」
　　（あなたがそれに対して）
　→「
　　　　　　　　　　　　　　　　　　　　　　　　　　　　　　」

2　会話で相手を元気にする

(5) 友人がたくさん出た宿題を目の前にして
　　「宿題まだ半分しか終わってない。」
　　（あなたがそれに対して）
　→「

　　　　　　　　　　　　　　　　　　　　　　　　　　　　　　　　」

◉相手を元気にする表現②

➡「〜しかない」と「〜もある」

　状況設定：Ａ子さんとＢ子さんは同じ職場の同僚です。Ａ子さんは友達をつくるのがあまり得意ではありません。一方Ｂ子さんは明るく社交的で，たくさんの友人がいます。次はＡ子さんとＢ子さんとの会話です。最後のＡ子さんの「　」の部分を，Ａ子さんの気持ちになって埋めてください。

【会話 1】

　Ａ子「Ｂ子さんっていいね，たくさん友達がいて。私はなんでも
　　　　話せる友達って，２人くらいしかいない。」
　Ｂ子「へぇ，Ａ子さん，２人しかいないんだ。それじゃ寂しいね。」
　Ａ子「

　　　　　　　　　　　　　　　　　　　　　　　　　　　　　　　　」

【会話 2】

　Ａ子「Ｂ子さんっていいね，たくさん友達がいて。私はなんでも
　　　　話せる友達って，２人くらいしかいない。」
　Ｂ男「えっ，Ａ子さん，２人もいるならいいじゃない。友達は量よ
　　　　り質だよ。」
　Ａ子「

　　　　　　　　　　　　　　　　　　　　　　　　　　　　　　　　」

●相手を元気にする表現②

いかがですか？　「親しい友人が2人」という事実は同じですが，会話1では「〜しかいない」と続き，「2人親しい友人がいる（ゼロではない）」というプラスの面は見逃されています。その結果，A子さんは「やっぱり2人ぽっちじゃダメなんだ。私って寂しい人間なのかなぁ」と思うかもしれません。それに対して会話2では，「親しい友人が2人いる」ことのプラスの面が強調されています。A子さんは「そっか，全然いないわけじゃないし，2人いてくれれば恵まれてるのかな？」と自分の友人関係を肯定的にとらえることができます。

　ケーキが半分残っています。それを「半分しかない」ととらえるのと，「半分もある」ととらえるのとでは，気持ちの持ちようが違ってきます。「半分しかない」ととらえると「もっと食べたいのに，なんで全部ないんだ？」と不満が残ります。でも「半分もある。残っててラッキー」と思えれば，残っていることに感謝して食べることができます。

　日常生活はこういう「小さなこと」の積み重ねです。肯定的なとらえ方をクセにしておくと，心のベクトルもプラス方向に向きやすくなります。心のベクトルがプラスの人の周りには，心のベクトルがプラス方向の人が集まります。人間関係は「伝播」しますから，日頃からの口癖，物事のとらえ方が，その人の人間関係に大きく影響してきます。それでは練習してみましょう。

■ 練習課題 ────────────────────────

(1)「試験まで1週間しかない。」

　→「

」

2 会話で相手を元気にする

(2)「目標は 100 万円貯金。50 万しか貯まっていない。」

　→「

　　　　　　　　　　　　　　　　　　　　　　　　　　　」

(3)「今月は出費が重なって、給料日まで 1 万円しかない。」

　→「

　　　　　　　　　　　　　　　　　　　　　　　　　　　」

(4)「ダイエット、目標は 10kg 減量。5kg しか減ってない。」

　→「

　　　　　　　　　　　　　　　　　　　　　　　　　　　」

(5)「昨日は 4 時間しか寝てない。」

　→「

　　　　　　　　　　　　　　　　　　　　　　　　　　　」

●褒める

➡人間関係を円滑にするコツは褒めること

　誰でも褒められれば単純に嬉しいもの。でも日本人は褒めるのが上手ではありません。ここでは上手な褒め方について，いくつかのヒントをあげておきます。

　上手に褒めるコツとしては，以下のようなことがあげられます。

　①褒めることの第一歩は「気づく」

　②物ではなく，人を褒める

　③伝聞で褒める

　④ひそかに本人が自慢に思っていることを褒める

　⑤具体的に褒める

　⑥その場で褒める

●褒める

⑦こだわりを褒める

①褒めることの第一歩は「気づく」

　誰でも褒められれば嬉しいものですが，それは人に認められたいという承認欲求が満たされるからです。でも，褒めることにあまり慣れていない日本人によって，いきなり褒めるのはハードルが高いかもしれません。そんな場合には，「気づく」ことから始めましょう。

　たとえば夫婦の場合でいえば，パートナーが髪を切ったとか，化粧や服装が変わったなどという時に，次のように言ってみてはいかがでしょう？

　「髪，切った？」
　「ブラウスの色，いつもと違う？」

　なにかが変わったような気がするけれど，どこが変わったかわからない時には，ストレートにこんな風に言ってみるのも手です。

　「いつもと違う感じがするんだけど，なにか変った？」

　これだけでも，会話のきっかけになります。

　関心を持っていることが相手に伝われば，それが人間関係を円滑にしてくれますし，次の機会には，なにがどのように変わったのかにまで気づくかもしれません。お互いに関心を示しあうことは，人間関係の基本です。基本にたちかえって，それを言葉にすることから始めましょう！

②物ではなく，人を褒める

　会社で課長が新しいネクタイをしてきたとします。一番ありがちな褒め言葉は「いいネクタイですねぇ」でしょう。気づかないよりはずっといい感じですが，褒める時にはその物を褒めるのと同時に，

2 会話で相手を元気にする

それを選んだ本人も褒めるのがより効果的です。

「よくお似合いですね。見違えてしまいました！」
「課長，とても素敵な好みをしていらっしゃるんですね！」
「課長はご自分に似合う色をよくご存じなんですね！」

それを選んだ本人を褒めると，より効果的です。

③伝聞で褒める

いきなり面と向かって褒めるのはわざとらしい……と感じたことはないでしょうか？

そんな時には，「誰かが○○さんのことを，こう言っていた」と，伝聞で褒めると，褒められた人の喜びは倍加します。加えて褒めた内容の信憑性もぐっと高くなります。新商品を紹介する時に一番効果があるのが，「お客様の声」であるのと同じ理由です。

「この間B子と会ったんだけど，A子が最近急に綺麗になったって言ってたよ。」
「課長がね，C男のプレゼンの腕が上がったって，褒めてたよ。」
「お母さんがね，D子が勉強よく頑張って偉いって，言ってたよ。」

誰かが自分の知らないところで，褒めていてくれたのを知るのは，とても気持ちのいいことですし，それを伝えてくれた人にも好意を抱くことが多いもの。ぜひ伝聞で褒めるスキルを身につけてください。

④ひそかに本人が自慢に思っていることを褒める

仕事のできる人や，綺麗な人は，仕事ができることや美貌を褒められる機会は多いはず。いつも同じことで褒められてもありがたみを感じなくなるものです。そんな時には，他の人はあまり知らないけれど，本人がひそかに自慢に思っていることを見つけ出して，そ

●褒める

れを褒めるのは，上級テクニックです。

　たとえばいつも仕事ができることで褒められている人が，実はカラオケが趣味で，唄うことが得意だったとしたら，そこを褒めます。いつも「きれいだね！」と言われている人が，実は勉強することが大好きで熱心に英会話を習っているとしたら，そこが褒めるポイントです。

⑤具体的に褒める

　褒める時に単に「素晴らしかったよ」「よかったよ」と漠然と褒めるよりは，具体的に褒めたほうが相手の記憶に残りやすく，嬉しい気持ちも強くなります。

「昨日のプレゼンだけど，出だしのインパクトが強かったし，商品の説明もわかりやすかった。難しい専門用語を使わずに，あれだけ理解しやすくまとめたのはさすが！」
「最近部屋を綺麗にしていてすごい！　机の上に余計なものが置いてないし，脱いだ服もちゃんとしまってある！」
「料理の腕があがったね！濃い味じゃないのに，しっかり出しが効いておいしい！」

など，なんでも気がついたことを具体的に褒めると，「あ，この人は自分のことをちゃんと見てくれているんだ」と相手が思うことで，人間関係も円滑になります。

⑥その場で褒める

　褒めるにもタイミングがあります。気がついたらその場で褒めましょう。タイミングを外してしまうと，褒められた人が褒められた理由がわからないことがあります。嬉しい気持ちも半減してしまいます。照れたり，恥ずかしがったりせずに，勇気を出してその場で褒めるようにしましょう！

2 会話で相手を元気にする

⑦こだわりを褒める

　褒めることの第一歩は気づくことです。気づくには観察することが必要になります。褒めることの究極は，褒める対象をよく観察して，その人のこだわりを褒めることです。

　たとえば「おしゃれな人」という大きなくくりの中にも，服にこだわりのある人，持ち物にこだわりがある人，靴にこだわりがある人，お化粧や髪形にこだわりがある人といろいろです。たとえば筆者の場合には，洋服が好きですが，中でも色にはこだわりがあるので，色の組み合わせを褒められたら，とてもいい気分になります。こんな風に，その人のこだわりの部分をさりげなく褒めることができると，褒める人としては上級者ということになります。

●実感コミュニケーション②

⇨コミュニケーションを観察する（うそつきゲーム）

●うそをつく気分，うそを言う時の表情，うそを見破る

● 3 人（話し手，聞き手，観察者）

話し手はあらかじめ用意された質問に「はい」か「いいえ」で答えておく。話し手と観察者は話し手の答えの情報を共有する。聞き手は話し手に質問をし，話し手はすべての質問に「はい」（あるいは「いいえ」）で答える。話し手はうそをつく時の気分を意識し，聞き手はうそを見破る，観察者は話し手がうそをついている時の表情を観察する。

3 会話を弾ませる

会話を弾ませるためには？

相手の価値観や評価を尊重する
☞ p. 26 　「でも」より肯定でつなごう

相手の話をさえぎらない
☞ p. 28 　「〜て言うか」「だって」など

好意と感謝を素直に伝える
☞ p. 31 　「が」と「で」

3 会話を弾ませる

◉相手の価値観や評価を尊重する

➡「でも〜」で否定するより，肯定的な表現（「そして〜」）でつなげよう

状況設定：A子さんは会社を経営しています。A子さんの会社では正社員とアルバイトを使っています。下記の会話はA子さんと正社員であるB男さんとの会話です。ふたりは，学生アルバイトであるC男君について話をしています。A子さんの気持ちになって，「　」の部分を埋めてください。

【会話1】

　A子「C男君ってまだ学生なのに，ビジネスのこともよく知っていておもしろいよね。」

　B男「でも彼は時間にルーズですね。」

　A子「

　　　　　　　　　　　　　　　　　　　　　　　　　　　　　」

【会話2】

　A子「C男君ってまだ学生なのに，ビジネスのこともよく知っていておもしろいよね。」

　B男「そうですね。若いのにいろんなこと経験していますしね。」

　A子「

　　　　　　　　　　　　　　　　　　　　　　　　　　　　　」

いかがですか？　会話1ではせっかくA子さんが，アルバイトのC君のいいところに気づいて褒めているのに，B男さんは「でも〜」で水をさしています。これではA子さんのテンションも下がってしまいます。会話2ではC男君を褒めたA子さんに対して，B男さんは「そうですね」と肯定した後に，「若いのにいろんなこと経験していますしね」とフォローしています。A子さんは自分が言っ

●相手の価値観や評価を尊重する

たことを肯定してもらって，さらにフォローしてもらい，自分が思ったことが支持されて嬉しく思ったでしょう。

　肯定的な表現の後に，「でも」をつけて否定的な言葉を続けると，会話している当人たちだけでなく，周りのテンションも下がってきます。肯定的な表現の後には，「そうですね」「ほんとですね」「いいですね」などの肯定的な受け答えをしてから，「それに〜」「その上」などで，さらに肯定的な情報を加えると，その場のやる気も上がります。それでは練習してみましょう。

■ 練習課題 ─────────────────

(1)「A子って美人だよね。」
　　「でも性格よくないよね。」
　　後半の部分を変える
　→「

　　　　　　　　　　　　　　　　　　　　　　　　　　　」

(2)「信じられない。こんなにラッキーが続いていいのかな？」
　　「でもね，いいことは長く続かないよ。」
　　後半の部分を変える
　→「

　　　　　　　　　　　　　　　　　　　　　　　　　　　」

(3)「Aさんは，真面目で正直だし，感じもいいよね。」
　　「でも，なんだか面白みがないよね。」
　　後半の部分を変える
　→「

　　　　　　　　　　　　　　　　　　　　　　　　　　　」

27

3　会話を弾ませる

(4)「○○レストランは雰囲気もいいし，おいしいし，言うことな
　　いよね。」
　　「でも注文が出てくるのに時間がかかるよね。」
　　後半の部分を変える
　→「

　　　　　　　　　　　　　　　　　　　　　　　　　　　　　　」

(5)「今度の営業戦略，実現度も効果も高そうだし，なかなかいい
　　んじゃないですか？」
　　「でもね，お金かかるんだよね。」
　　後半の部分を変える
　→「

　　　　　　　　　　　　　　　　　　　　　　　　　　　　　　」

●相手の話をさえぎらない

➡「〜て言うか」「だって」「そう言うけれど」「でもね」は NG

　状況設定：会社の近くにおいしい中華料理店ができたそうです。
この情報を仕入れてきた A 子さんが B 子さんに話しかけています。
最後の「　」の中を A 子さんの気持ちになって埋めてください。

【会話 1】

　A 子「B 子さん，会社の近くに新しくできた中華料理屋さん，お
　　　　いしいらしいよ。一皿が小盛りだから，いろいろな料理が
　　　　食べられるし，ランチも充実してるって評判だよ。今度一
　　　　度行ってみない？」

　B 子「〜て言うか，その店，雑誌に出てた。そこのシェフ，北京
　　　　で何年も修行したって書いてあった。でもさぁ，中華もい
　　　　いけど，フレンチもよくない？　私，いいお店見つけたん
　　　　だけど……」

◉相手の話をさえぎらない

A子「   」

【会話 2】
A子「B子さん，会社の近くに新しくできた中華料理屋さん，お
　　いしいらしいよ。一皿が小盛りだから，いろいろな料理が
　　食べられるし，ランチも充実してるって評判だよ。今度一
　　度行ってみない？」
B子「そうなんだ。知らなかった。中華かぁ。たまに豪勢なラン
　　チもいいね。いつ行こうか？」
A子「   」

　いかがですか？　会話1では，せっかくA子さんが新しくでき
た中華料理店の話をしているのに，B子さんは「〜て言うか」でさ
えぎり，自分もそれを知っていることを告げ，さらにはフレンチ・
レストランの話を持ち出して，会話を自分のほうへと持っていって
しまっています。せっかく話題を提供したA子さんは，「もうB子
さんには，おいしいレストラン教えてあげない」と思ったかもしれ
ません。会話2では，B子さんが自分の話に興味を示してくれただ
けでなく「いつ行こうか？」と具体的な提案をしてくれたので，A
子さんは「またB子さんにはおいしいレストラン教えてあげよう」
と思ったかもしれません。
　感情を通わせるコミュニケーションの第一歩は，相手の話をよく
聴くことです。相手の言うことはさえぎらずに最後まで聞きましょ
う。相手の言うことを最後まで聞くということは「私はありのままの
あなたを受けいれてますよ」というサインになります。あなたに自分
が受け容れられていると感じた話し手は，安心して自分の感じたこと
を伝えてくるでしょう。これが感情のピンポンゲームの開始になりま
す。それでは相手の話をさえぎらない練習をしてみましょう。

3 会話を弾ませる

■ 練習課題

(1) 夫「なにかうまいモンでもみんなで食いに行くか？」
　　妻「だって，今月もうお金足りないんだから無理よ。」
　→「
　　　　　　　　　　　　　　　　　　　　　　　　　　　」

(2) A男「ボクは野球もサッカーも好きだなぁ。」
　　B男「て言うか，野球は点がわりと入るけど，サッカーは点が入りにくい競技だよね。オレは点が入る競技のほうが好きだから，バスケットなんか最高だね。」
　→「
　　　　　　　　　　　　　　　　　　　　　　　　　　　」

(3) A子「今年は海外旅行行きたいなぁ。」
　　B子「でもね，海外旅行なんてお金がかかって疲れるだけよ。貯金に回したほうがいいんじゃない？」
　→「
　　　　　　　　　　　　　　　　　　　　　　　　　　　」

●好意と感謝を素直に伝える

(4) 独身のA男「そろそろ新しい車を買うかな。」

　　既婚のB男「おまえはいいよなぁ。結婚するとそうそう新しい
　　　　　　　　車は買えないよ。」

　→「
　　　　　　　　　　　　　　　　　　　　　　　　　　　　　　　」

(5) 子供「ボク，将来絶対宇宙飛行士になるんだ。」

　　母親「そういうけれど，勉強できなきゃ，宇宙飛行士になんて
　　　　　　なれないのよ。」

　→「
　　　　　　　　　　　　　　　　　　　　　　　　　　　　　　　」

●好意と感謝を素直に伝える

➡「が」と「で」の違い

　状況設定：A子さんとB男君は付き合って1年。今年のクリスマスは2度目のクリスマスです。A子さんはこの記念すべきクリスマスに，B男君になにか心に残るプレゼントをしたいと思いました。そこで，B男君には内緒で，手編みのマフラーと手袋を用意したのです。下記の会話はクリスマス当日のふたりの会話です。A子さんの気持ちになって，会話最後の「　」の中を埋めてください。

【会話1】

　A子「ねぇ，B男君，クリスマスのプレゼントにマフラーと手袋
　　　　を編んだんだけど，どっちがいい？」

　B男「マフラーでいいや。」

　A子「
　　　　　　　　　　　　　　　　　　　　　　　　　　　　　　　」

31

3 会話を弾ませる

【会話2】

A子「ねぇ，B男君，クリスマスのプレゼントにマフラーと手袋
　　　を編んだんだけど，どっちがいい？」

B男「マフラーがいいな。」

A子「

　　　　　　　　　　　　　　　　　　　　　　　　　　　　　　」

　いかがですか？　会話1では，B男君は，A子さんが一生懸命マ
フラーと手袋を編んでくれたのに対して「マフラー<u>で</u>いいや」と答
えています。これではA子さんからのプレゼントは，B男さんにと
って，どうでもいいことのように聞こえます。A子さんは，「私か
らのプレゼントはB男さんにとっては，どうでもいいことなのね」
とがっかりしたかもしれません。「どうでもいいなら，あげるのや
めようかな」と怒ったかもしれません。それに対して会話2では，
「マフラー<u>が</u>いいな」と，B男君は積極的な関心を示しています。A
子さんは「B男さん，喜んでくれて嬉しいな。それなら，手袋もあ
げちゃおうかしら」と思ったかもしれません。

　日常生活でよく使われる「が」と「で」。一文字しか違わないのに，
無視できない影響力がありそうです。それでは実際に練習してみま
しょう。

■ 練習課題 ────────────────────────

(1)「おやつ，手作りしてみたんだけど，クッキーがいい，それと
　　もケーキがいい？」

　　「クッキーでいいや。」

　→「

　　　　　　　　　　　　　　　　　　　　　　　　　　　　　　」

32

●好意と感謝を素直に伝える

(2) 「今度の夏休み，どこへ行こうか？　サイパン，それともグアム？」
　　「グアムでいいや。」
　→「

　　　　　　　　　　　　　　　　　　　　　　　　　　　」

(3) 「今夜のおかず何にする，カレー，それともハンバーグ？」
　　「カレーでいいや。」
　→「

　　　　　　　　　　　　　　　　　　　　　　　　　　　」

(4) 「今度のデートで何食べに行く？ イタリアンがいい，それとも
　　フレンチ？」
　　「フレンチでいいや。」
　→「

　　　　　　　　　　　　　　　　　　　　　　　　　　　」

(5) 「お誕生日のプレゼント，指輪がいい，それともバッグ？」
　　「指輪でいい。」
　→「

　　　　　　　　　　　　　　　　　　　　　　　　　　　」

3　会話を弾ませる

●実感コミュニケーション③

⇨指示に従って絵を描く

指示例：

1. 家が一軒建っています

2. 屋根の上には煙突があります

3. 家の後ろには木が立っています

4. 空には月が出ています。星も出ています

5. 家の前には池があります

6. 池には鳥が二羽泳いでいます

⇨比べてみよう

　巻末（p. 65）にある絵と比べてみるか，隣の人の絵を比べてみる。

4 話し合いをスムーズに

話し合いをスムーズに進めるには？

相手を非難しないで自分の不満を表現する方法
- ☞ p. 36　① I メッセージと You メッセージ
- ☞ p. 38　②「どうして〜なの」を「〜してほしい」

自分の意思をきちんと伝える方法
- ☞ p. 41　①「どうも」の中身を明確に
- ☞ p. 44　②「ありがとう」と「すみません」

4　話し合いをスムーズに

◉ 相手を非難しないで自分の不満を表現する方法①

➡ I メッセージと You メッセージ

　状況設定：A子さんとB男さんは三ヶ月ほど前からおつきあいを始めました。最初は頻繁だった携帯メールの交換も最近は減ってきています。A子さんはそれが気になっています。A子さんが出したメールに対する返信も，最初はすぐ戻ってきたし，毎回返信があったのに，今は戻ってくるのに時間がかかるし，3回に1回は返信がありません。ある日，A子さんはB男さんに自分の不満を伝えることにしました。以下はその会話例です。<u>B男さんの気持ちになって，B男さんの会話の部分</u>を埋めてください。

【会話1】

　A子「なんで最近，私がメールしてもすぐ返してくれないのよぉ。前はすぐ返してくれたじゃない。ほんとだらしがないんだから。私の気持ちにもなってよね。」

　B男「

　　　　　　　　　　　　　　　　　　　　　　　　　　　　　　　」

【会話2】

　A子「最近私がメールしても，なかなか戻ってこないよね。忙しいのかな？　B男さんから返信がないと，なにかあったんじゃないかと心配になっちゃうの。それに寂しい気持ちがする……」

　B男「

　　　　　　　　　　　　　　　　　　　　　　　　　　　　　　　」

　いかがですか？　同じ内容の不満を伝えているのに，会話1ではB男さんの立場になったあなたは，A子さんの言い方に対して怒りの感情を持ちませんでしたか？　それに対して会話2では，「A男さ

● 相手を非難しないで自分の不満を表現する方法①

んからメールが来ないと心配だし，寂しい」と訴える A 子さんに対
して優しい気持ちになりませんでしたか？

　会話１と会話２の違いはどこから来ているのでしょう？　この違
いは I メッセージと You メッセージの違いから来ています。

　You メッセージ，「あなたは……」で始まる表現には，相手に対
する評価や非難が含まれることが多く，I メッセージ，「あなたが○
○すると，私は○○と思う」という表現には，評価や非難の感じが
あまり含まれません。

　人は自分が非難されていると思うと，自分を守ろうとして，殻に
閉じこもるか，攻撃に出る傾向があります。それを防ぐためには，
You メッセージではなく，I メッセージを使うことで，コミュニケ
ーションをスムーズに運ぶことができます。それでは実際に練習し
てみましょう。

■ 練習課題 ─────────────────────

● You メッセージ　→　I メッセージ

(1) 「あなたって人はいつまでたってもタバコをやめないんだから
　　　……」

　→「

　　　　　　　　　　　　　　　　　　　　　　　　　　　」

(2) 「君っていつも時間に遅れてくるよね。どうにかならないの？」

　→「

　　　　　　　　　　　　　　　　　　　　　　　　　　　」

(3) 「あんたの部屋はいつだって汚いんだから！」

　→「

　　　　　　　　　　　　　　　　　　　　　　　　　　　」

4 話し合いをスムーズに

(4)「あたしだって忙しいのよ。もう少し手伝ってよ！！」
　→「

　　　　　　　　　　　　　　　　　　　　　　　　　　　　」

(5)「仕事上の決断ひとつするのに，いつまでかかってるんだ！！」
　→「

　　　　　　　　　　　　　　　　　　　　　　　　　　　」

◉相手を非難しないで自分の不満を表現する方法②

➡「どうして〜なのよ（なんだ）」を「〜してほしい」に

　状況設定：Ａ男さんは高校生です。次の会話はＡ男さんとお母
さんとの会話です。最後の「　」は，「Ａ男さんがお母さんの言葉
を聴いてどう心の中で感じたか」です。Ａ男さんの気持ちになって，
Ａ男さんの感じたことを想像して書いてください。

【会話1】

　　母「どうして，あんたは毎朝きちんと起きられないの？」
　　Ｂ男「

　　　　　　　　　　　　　　　　　　　　　　　　　　　　」

【会話2】

　　母「Ａ男，毎朝もう少し早く起きられるようにしてほしいなぁ。
　　　　起きた時，なんだか疲れたようにも見えるし。母さん，Ａ
　　　　男の体が心配なんだよね。」
　　Ｂ男「

　　　　　　　　　　　　　　　　　　　　　　　　　　　　」

　いかがですか？　会話1では，Ａ男さんは「そんなのオレの勝手
だろ！」と感じたかもしれません。会話2では，「母さん，オレの体
心配してくれているんだ。朝早く起きられるように，夜もう少し早

38

●相手を非難しないで自分の不満を表現する方法②

く寝てみるかな」と思ったかもしれません。

「どうして〜ないの（ないんだ）？」という表現は一見相手に質問しているように聞こえますが，そうではありません。多くの場合は相手を非難する時に使います。非難されれば人は反発を感じて，自己防御に入ります。

「どうして〜ないの（ないんだ）？」と聞かれる場面には，次のふたつが考えられます。

　　(1) 正確な指示が十分伝わっておらず，本人がどう対処したらいいのかわからない

　　(2) 質問のしかたが漠然としていて具体的な理由を答えるのが難しい

　(1) の例としては，たとえば会社で事務の先輩が新人に，「どうして電話の対応が悪いの？」，(2) の例としては，親が子供に「どうしておまえは，なんでもすぐ諦めてしまうんだ？」などがあげられます。

「どうして〜ないの（ないんだ）？」と聞かれれば，人は反射的に自己防御の態勢に入り，感情の通い合うコミュニケーションを行うことは難しくなります。そういう場合には「どうして〜ないの（ないんだ）？」という表現を，「(具体的に) 〜してほしい」というお願いに変えましょう。これで相手を非難することなく，自分が相手にしてほしいことを伝えることができます。<u>お願いに変える時にその理由をつけ加えれば，さらに効果的に</u>伝わります。それでは実際に練習してみましょう。

■ 練習課題 ────────────────

●「どうして〜ないの（ないんだ）？」→「(具体的に) 〜してほしい。（＋理由)」

39

4 話し合いをスムーズに

(1)（親→子）「どうして部屋の中を綺麗にしておけないんだ？」
　→「

　　　　　　　　　　　　　　　　　　　　　　　　　　　　」

(2)（上司→部下）「どうして伝票ひとつ書くのにそんなに時間がか
　　　　　　　　かるんだ？」
　→「

　　　　　　　　　　　　　　　　　　　　　　　　　　　　」

(3)（親→子）「どうして親の言うことが素直に聞けないんだ？」
　→「

　　　　　　　　　　　　　　　　　　　　　　　　　　　　」

(4)（親→子）「どうしてなんでも途中で諦めてしまうの？」
　→「

　　　　　　　　　　　　　　　　　　　　　　　　　　　　」

(5)（親→子）「どうして毎晩そんなに遅くなるんだ？」
　→「

　　　　　　　　　　　　　　　　　　　　　　　　　　　　」

(6)（親→子）「どうして試験でこんな点しかとれないんだ？」

　→「

　　　　　　　　　　　　　　　　　　　　　　　　　　　　」

(7)（妻→夫）「どうして毎晩お酒を飲んで帰ってくるの？」
　→「

　　　　　　　　　　　　　　　　　　　　　　　　　　　　」

●自分の意思をきちんと伝える表現法①

●自分の意思をきちんと伝える表現法①

➡「どうも」の中身を正確に

　状況設定：次の３つの会話でB男さんが言った「どうも」の後に，言葉を付け加えて，「どうも」の正確な意味を補って書いてみてください。

【会話1】

　A子「B男さん，会社の近くにいいイタリアン・レストランができたんですって。ランチ安くておいしいらしいのよ。一緒に行かない？」

　B男「どうも

　　　　　　　　　　　　　　　　　　　　　　　　　　　」

【会話2】

　A子「B男さん，昨日回してくれた伝票間違ってたわよ。直しておいたけど，次は気をつけてね。」

　B男「どうも

　　　　　　　　　　　　　　　　　　　　　　　　　　　」

【会話3】

　A子「お盆休みに実家に帰ってきたの。これお土産のお菓子。みなさんで召し上がってください。」

　B男「どうも，どうも。

　　　　　　　　　　　　　　　　　　　　　　　　　　　」

　いかがですか？　日本語の「どうも」はとても便利な言葉です。でも「どうも」の意味は３種類あります。感謝の気持ちを表す「どうもありがとう」，謝罪を表す「どうもすみません」，気楽な挨拶や

41

4 話し合いをスムーズに

謝意を表す「どうも」の三種類です。

　会話1の「どうも」は「どうもありがとう」，会話2の「どうも」は「どうもすみません」，そして会話3の「どうも，どうも」は「どうも，どうも，いつもすみませんね」などが続きます。

　「どうも」は便利な言葉ですが，いつもこれ一言で済ませていると，「どうも」の本当の意味が伝わらないことがあります。感謝の「どうも」は，感謝の意味を直接表す「ありがとう」が続かないことで，相手に感謝の気持ちが伝わらないことがあります。謝罪の「どうも」も「どうも」だけだと，言葉が軽すぎて，「この人，本当に反省しているのだろうか」との誤解を招くことがあります。感謝と謝罪。どちらの場合も「ありがとう」と「すみません」を補ってきちんと自分の意思を伝えたいものです。

■ 練習課題 ─────────────

● 「どうも」→　＋「ありがとう。」「すみません。」

(1) 「昨日風邪で英語の授業休んだでしょ。ノートとっておいてあげたよ。」
　→「どうも ＋

　　　　　　　　　　　　　　　　　　　　　　　　　」

(2) 「あら，郵便物出すの忘れてきたんですか？」
　→「あれっ，どうも ＋

　　　　　　　　　　　　　　　　　　　　　　　　　」

(3) 「昨日何度も携帯に電話したんですよ。」
　→「え，気がつきませんでした。どうも ＋

　　　　　　　　　　　　　　　　　　　　　　　　　」

●自分の意思をきちんと伝える表現法①

(4)「『○○のコンサート一緒に行きたい』って言ってたよね。チケット買っておいたよ！」
　→「えっ，そうなんだ。どうも ＋

　　　　　　　　　　　　　　　　　　　　　　　　　　　　」

(5)「教えていただいた郵便番号で手紙を出したら戻ってきてしまいました。」
　→「それは，どうも ＋

　　　　　　　　　　　　　　　　　　　　　　　　　　　　」

(6)「ついでだったから，一緒にゴミだしておいてあげたよ。」
　→「どうも ＋

　　　　　　　　　　　　　　　　　　　　　　　　　　　　」

(7)（レジで）「お買い上げいただいた物の料金，50 円足りないんですが……」
　→「あれっ，どうも ＋

　　　　　　　　　　　　　　　　　　　　　　　　　　　　」

(8)「窓を閉めていただけませんか？ 寒いんですけど。」
　→「え，気がつきませんでした。どうも ＋

　　　　　　　　　　　　　　　　　　　　　　　　　　　　」

(9)「お昼（食べる物）を買いにコンビニ行くけど，なにか買ってきてあげようか？」
　→「どうも ＋

　　　　　　　　　　　　　　　　　　　　　　　　　　　　」

(10)「いやぁ，お久しぶりですね。」

43

4　話し合いをスムーズに

　→「いやぁ，どうも，どうも ＋

　　　　　　　　　　　　　　　　　　　　　　　　　」

●自分の意思をきちんと伝える表現法②

➡「ありがとう」と「すみません」

　状況設定：次の３つの会話で使われた「すみません」は，何か悪いことをして謝っているのでしょうか？

【会話1】

　電車の中で席を譲ってもらいました。譲ってくれた人に
　Ａ子「どうもすみません。」
　席を譲った人「なんで謝られるのかな？」

【会話2】

　カフェでコーヒーを運んできてくれたウェイトレスに
　Ａ子「すみません。」
　ウェイトレス「なにか頼まれるのかな？」

【会話3】

　部長に頼まれた仕事ができあがって，部長席へ行き，
　Ａ子「すみません。書類ができました。」
　部長「謝まられるようななにか悪いことしたかな？」

　いかがですか？　日本語で「すみません」を使う時には三種類の場合が考えられます。相手に謝るとき，依頼をする時，感謝の気持ちを伝える時です。英語に置き換えると，相手に謝る時には，"I'm sorry."，依頼をする時には"Excuse me."，感謝の気持ちを伝える時には"Thank you"にあたります。

　鏡の前にたって，自分が「すみません」と言っている時の表情と，

44

●自分の意思をきちんと伝える表現法②

「ありがとう」と言っている時の表情を比べてみてください。「すみません」と言っている時の表情よりも，「ありがとう」と言っている時の表情のほうが，笑顔になって明るくなっていることに気づきませんか？

　感謝の気持ちを伝えるのに「すみません」と言うのは間違いではありません。でも「すみません」には謝罪の意味合いが強いので，言っている時の表情もあまり明るくはなりません。それに謝罪の言葉を使い続けると，いつも誰かに謝っているようで，自分自身に対するイメージも下がります。感謝の気持ちを伝えたい時には，思いきりの笑顔で「どうもありがとう」「どうもありがとうございます」と言ったほうが，ずっと気持ちよく感謝の気持ちが伝わります。「ありがとう」は「笑顔製造機」なのです。

■ 練習課題 ─────────────────────

（1）電車の中で席を譲ってもらいました。譲ってくれた人に
　　　Ａ子「どうもすみません。」→「　　　　　　　　　　　　　　」

（2）カフェでコーヒーを運んできてくれたウェイトレスに
　　　Ａ子「すみません。」→「　　　　　　　　　　　　　　　　　」

（3）エレベーターで降りる時に「開く」ボタンを押してくれた人に
　　　Ａ子「すみません。」→「　　　　　　　　　　　　　　　　　」

（4）駅の階段で落とした荷物を拾ってくれた人に
　　　Ａ子「すみません。」→「　　　　　　　　　　　　　　　　　」

（5）Ａ子さんが不在中宅急便を預かってくれたお隣の方に
　　　Ａ子「すみません。」→「　　　　　　　　　　　　　　　　　」

4 話し合いをスムーズに

◉実感コミュニケーション④

⇨コミュニケーションゲーム（1）伝達ゲーム

● 複雑な文章を口頭で後ろの人に伝えていき，最後にどう伝わるか
を確かめる

⇨コミュニケーションゲーム（2）場のふんいきを和らげる

● 顔の表情で「グー」「チョキ」「パー」を決め，顔じゃんけんを行
う，笑顔のコミュニケーション

⇨コミュニケーションゲーム（3）ジェスチャー・ゲーム

● あらかじめ紙に書かれた内容をジェスチャーだけで当ててもらう

⇨コミュニケーションゲーム（4）表情も身振りもなしで会話を行
う。

5 正確な日本語を使う，正確に伝達する

職場などで気をつけたい正確な日本語と正確な伝達

正しい日本語を使う
☞ p. 48 ①「よろしかったですか」など
☞ p. 50 ②「〜とか」

相手に正確に情報を伝える
☞ p. 52 5W1H で伝える

5 正確な日本語を使う，正確に伝達する

◉正しい日本語を使う①

「よろしかったですか」（過去形）→「よろしいですか」（現在形）
「〜円のほうからで」→「のお預かりで」
「飲まれる」→「召し上がる」

　状況設定：A子さんは64歳。最近日本語の乱れが気になります。友人と喫茶店に入りました。A子さんはウェイターにコーヒーを頼みました。次の会話はウェイターとA子さんとの会話です。A子さんの気持ちになって，「　」の中を埋めてください。

【会話1】

　A子「コーヒーお願いします。」
　ウェイターがコーヒーを運んできて
　ウェイター「コーヒーでよろしかったですか？」
　A子「

　　　　　　　　　　　　　　　　　　　　　　　　　　　　　」

【会話2】

　A子「コーヒーお願いします。」
　ウェイターがコーヒーを運んできて
　ウェイター「コーヒーでよろしいですか？」
　A子「

　　　　　　　　　　　　　　　　　　　　　　　　　　　　　」

　いかがですか？　会話1ではウェイターは「コーヒーでよろしかったですか？」と過去形を使っています。なぜ「コーヒーでよろしいですか？」という現在形ではいけないのでしょうか？　日本語の

48

●正しい日本語を使う①

乱れの気になるＡ子さんには，とても気になる表現です。会話１
では，Ａ子さんは「なんで過去形なのよ？」と不思議に感じたかも
しれません。会話２では「コーヒーでよろしいですか？」と現在形
を使っています。日本語としてはこちらが正しい使い方です。日本
語としては間違っているけれど，街中で頻繁に使われている表現が
いくつかあります。それでは実際に確認，練習してみましょう。

■ 練習課題 ━━━━━━━━━━━━━━━━━━━━━━━

① 「よろしかったですか」（過去形）→「よろしいですか」（現在形）
② 「～円のほうからで」 →「のお預かりで」
③ 「飲まれる」 →「召し上がる」

(1) 「ダブルの部屋でよろしかったですか？」
　→「　　　　　　　　　　　　　　　　　　　　　　　　　　　」

(2) 「お酒を飲まれますか？」
　→「　　　　　　　　　　　　　　　　　　　　　　　　　　　」

(3) 「ご注文のお品はこれでよろしかったですか？」
　→「　　　　　　　　　　　　　　　　　　　　　　　　　　　」

(4) 「10,000 円のほうからでよろしかったですか？」
　→「　　　　　　　　　　　　　　　　　　　　　　　　　　　」

(5) 「お名前はこちらでお間違いなかったですか？」
　→「　　　　　　　　　　　　　　　　　　　　　　　　　　　」

49

5　正確な日本語を使う，正確に伝達する

●正しい日本語を使う②

➡「とか」→「は」「が」「を」「へ」

　状況設定：A子さんは 64 歳。最近日本語の乱れが気になります。ある日，孫娘である 12 歳の B 子さんと外出しました。A 子さんと B 子さんは買い物に出かけたのですが，思いのほか早く片付いてしまい，夕食まではかなり時間があります。その時のふたりの会話です。A 子さんの気持ちになって，「　」の部分を埋めてください。

【会話 1】

　A 子「時間余っちゃったねぇ。どうしようか？」

　B 子「映画とか，行かない？」

　A 子「

　　　　　　　　　　　　　　　　　　　　　　　　　　　」

【会話 2】

　A 子「時間余っちゃったねぇ。どうしようか？」

　B 子「映画に，行かない？」

　A 子「

　　　　　　　　　　　　　　　　　　　　　　　　　　　」

　いかがですか？　会話 1 では，A 子さんは，B 子さんに「映画とか，行かない？」と言われて，B 子さんには他にしたいことがあるのかもしれないと思ったかもしれません。会話 2 では，B 子さんは「映画に行かない？」と，自分が映画に行きたいと思っていることを，A 子さんにきちんと伝えています。

　「～とか」という表現は本来，その時に相手や自分が何を選びたいかがわからない時や，話の中に出てきた知り合いが，どういう状態に置かれているかが，はっきりしない時に使われます。それが最近では意志や状態がはっきりしている時にも，習慣的に使われ

●正しい日本語を使う②

る場合があります。「～とか」という表現は言い切らなくてすむので，気持ちの上では楽かもしれませんが，日本語本来の使い方からすると正しいとは言えません。特に，社会人となって仕事をし，責任を任されるようになると「曖昧な表現」が許されない場合があります。それでは「～とか」という表現を日本語本来の表現に言い換える練習をしましょう。

■ 練習課題 ─────────────────────

● 「とか」 → 「は」「が」「を」「へ」

(1) 「コーヒーとか，いかがですか？」
　→「
　　　　　　　　　　　　　　　　　　　　　　　　　　　　　」

(2) 「会議とかやるんですか？？」
　→「
　　　　　　　　　　　　　　　　　　　　　　　　　　　　　」

(3) 「来週会える？予定はどう？」
　　「水曜とか，どう？」
　→「
　　　　　　　　　　　　　　　　　　　　　　　　　　　　　」

(4) 「コピーとか必要ですか？」
　→「
　　　　　　　　　　　　　　　　　　　　　　　　　　　　　」

(5) 「明日のお休み，どうする？」
　　「ドライブとか，したいな。」

51

5 正確な日本語を使う，正確に伝達する

→「

」

(6)「今日は日差しが強いよ。日焼け止めとか，塗らなくて大丈夫？」

→「

」

(7)「新宿とか行ってカラオケとかしない？」

→「

」

◉相手に正確に情報を伝える表現

➡いつ（When），誰が（Who），どこで（Where），なぜ（Why），何を（What），どうした（How）（5W1H）を伝える

　状況設定：A子さんとB男さんは同じ会社で営業として働いています。A子さんが，部長から会議があるとの話を聞いて，その情報をB男さんに伝えている会話です。B男さんの気持ちになって，「　　　　」の部分を埋めてください。

【会話1】

　A子「B男さん。部長が今日午後から会議をするっておっしゃっています。」

　B男「

」

【会話2】

　A子「B男さん，部長が今日の午後2時から，3階の大会議室で，販売を促進するために，プロジェクトCの戦略会議をするってお

●相手に正確に情報を伝える表現

っしゃっています。そのための資料を作って出席するようにとのことです。」

B男「
　　　　　　　　　　　　　　　　　　　　　　　　　　　　　　　」

　いかがですか？　情報を伝える時には「いつ（when），誰が（who），どこで（where），なぜ（why）なにを（what），どうする（how）」という5W1Hの要素が必要です。会話1ではこの6要素のうち，「いつ」「誰が」「なにを」「どうする」しか伝わっていません。しかも「いつ」は「今日の午後」というおおざっぱな時間帯で，「何を，どうする」は「会議を行う」だけでなんの会議かわかりません。加えて「どこで」の情報がありません。理由もわかりません。この情報に対してB男さんは，「困ったな。今日の午後は得意先とのアポ（約束）が入っているんだけど。会議って何時に始まるんだろう？　アポの時間と重ならなきゃいいな。それに何の会議だろう。会議のほうが得意先より優先なのかな？　会議の場所はどこなんだろう？」といろいろな疑問を持つことでしょう。会話2では，いつ（午後2時から）どこで（3階の大会議室で）誰が（部長が）なぜ（販売促進のために），何をどうする（プロジェクトCの戦略会議を行う）と，5W1Hの情報が全て入っています。この伝え方だと，B男さんは情報を得た後，すぐに自分がどう行動すべきかを考えることができます。会話2では，B男さんは自分が資料を作る必要があるという情報まで入手していますから，会議までに準備することが可能です。

　情報を正確に伝えることは，誤解を防ぐために，職場だけでなくプライベートな生活でも大事なことです。情報を伝える時には5W1Hを頭に置いて，情報を漏れなく効率的に伝えて，時間を節約し誤解を防ぎましょう。それでは実際に練習してみましょう。

53

5　正確な日本語を使う，正確に伝達する

■ 練習課題 ─────────────────

●最初に与えられた情報のうち，5W1H のうち，抜けている情報について質問してください。

情報 →「5W1H」のうち欠けている情報を質問する

【例題】

担任の先生，三者面談（先生と親と生徒による面談）を行う

→「その三者面談は，いつ，どこで，どんな目的で，やるの？」

(1) ゼミの先生，ゼミの曜日を火曜日から木曜日に変更する

　→「

　　　　　　　　　　　　　　　　　　　　　　　　　　　」

(2) 忘年会，場所を予約する

　→「

　　　　　　　　　　　　　　　　　　　　　　　　　　　」

(3) 家族，夏休み，出かける

　→「

　　　　　　　　　　　　　　　　　　　　　　　　　　　」

(4) A さんから○○さんに，電話があった。

　→「

　　　　　　　　　　　　　　　　　　　　　　　　　　　」

(5) 明日の午前中，札幌からの来客，迎えにいく

　→「

　　　　　　　　　　　　　　　　　　　　　　　　　　　」

解 答 集

解答集

◉ 相手の言ったことを短く繰り返す＋あいづち or 関連情報 or 質問

［練習課題の答えの一例］［☞ p. 9］

(1)「そうそう，あのカレーおいしいよね。」

(2)「日ハム惜しかった，ほんとにねぇ。」

(3)「へぇ〜，なるほど。緑茶も紅茶ももとは一緒なんだ。」

［練習課題の答えの一例］［☞ p. 10］

(1)「来週，ニセコに行くんだ。ニセコは今，欧米からの観光客が
　　多いよね。」

　　ニセコの関連情報を付け加えることで，話がスムーズにつなが
　　ります。

(2)「女性の雇用ですか。すごいですねぇ！」

　　「すごいですねぇ」で自分の感想を表現しています。

(3)「インフルエンザだったんだ。辛かったでしょ。早く治ってほ
　　んとによかったね！」

　　「辛かったでしょ。早く治ってほんとによかったね！」で相手
　　の気持ちを思いやっています。

［練習課題の答えの一例］［☞ p. 11］

(1)「コーチについたんだ。コーチってどんな指導をしてくれる
　　の？」

(2)「フラダンス始めたんだ！最初はどんなことから練習するの？」

(3)「体重増え気味なんだ！減らすために気をつけてることある？
　　（または，前にも体重増えちゃったことある？）」

◉ 開かれた質問と閉ざされた質問

［練習課題の答えの一例］［☞ p 13］

(1)「どうしたらもっといい点がとれると思う？」

　　「もう少しましな点とれないのか？」と聴かれると「とれる，と
　　れない」で答えるか，「うっ」と答えにつまることになります。
　　でも「どうしたらもっといい点がとれると思うか？」と聴かれ
　　れば，「学校から戻ったらその日の復習をする」とか，「試験試

験準備を早めに始める」など，具体的な対策が頭に浮かびます。

(2)「今晩どんなメニューがいい？　カレー？　焼肉？　それとも鍋もの？」

「なにか食べたい物，ある？」と聞かれると，メニューが頭に浮かぶか浮かばないかで，「はい」と「いいえ」の選択肢になりますが，「どんなメニューがいい？」と聞かれて，具体的に提案があれば，その中から選んだり，提案の他に頭に浮かんだメニューを答えることができます。

(3)「プロジェクトの進みが遅いな。どうしたら期限までに間に合う？」

「期限に間に合うのか，合わないのか？」と問い詰めるだけでは，「プロジェクトの進行が遅れている」という事実自体には何の変化も起こりません。「どうしたら期限までに間に合う」という，間に合わせるための方法を尋ね，それを実行すれば，「プロジェクトの進行が遅れている」という事実自体の改善につながります。

(4)「今一番行きたい外国はどこですか？」

「今，外国で行ってみたい場所はありますか」だと，行ってみた場所が頭に思い浮かばなければ，「別にありません」で会話は途切れてしまいます。でも「今一番行ってみたい外国はどこですか？」だと，それほど特別行きたい場所が思い浮かなくても，その中で一番興味のある場所を答えればいいので，答えやすくなります。

(5)「好きな野菜教えてくれる？」

幼稚園や保育園でありそうな会話です。先生に「この野菜嫌いなの？」と聞かれたら，子供は「好きか嫌いか」でしか答えられません。でも「好きな野菜，教えてくれる？」なら，好きな野菜，好きでなくても食べられる野菜を並べることができます。最初の聞き方では「食べなきゃならないのに，この野菜が食べられない」という罪悪感を子供に与えますが，後の聞き方なら

解答集

子供に罪悪感を与えずに，子供が食べられる野菜の情報を引き
出すことができます。また「食べられない野菜もあるけど，食
べられる野菜だってあるんだぞ」と子供に自信を持たせること
もできます。

● 「もう」と「まだ」
　練習課題の答えの一例 [☞ p. 17]

(1)「英語検定もう2級まで合格したんじゃない。すごいよ。もう
　　少しだね。」
　　英語検定1級を目指している人にとっては，「英語検定まだ2
　　級」と思えるかもしれません。一生懸命勉強して2級まではき
　　たものの，1級まではまだ遠い。でもその人に「もう2級まで
　　合格したんじゃない！」とすでに達成したことを強調してあげ
　　ると，本人の関心が目標までの遠さから，すでに達成したこと
　　の満足感へ移って，心が元気になるかもしれません。この場合
　　は「心の元気度＝まだ＜もう」です。

(2)「英会話初めてからもう半年もたったんだ。よく続いてるね。」
　　同じ半年でも，自分の根気に自信のない人にとっては「まだよ
　　うやっと半年」。でもそこであなたが「もうすでに半年続いて
　　いる」ことを強調してあげれば，(1)と同じように本人の関心
　　が「半年」という期間の持つプラスの面に移って，「そうか，も
　　う半年も続いたんだ。半年続いたのなら，もう少し続けられる
　　かも……」となるかもしれません。この場合も「心の元気度＝
　　まだ＜もう」です。

(3)「もう20kmも走れるようになったんだ。この間走り始めたば
　　っかりでしょ。すごい進歩だね！」
　　フルマラソンは42.195kmを走る競技です。20kmと言えば，
　　約半分。半分を「まだ」ととるか「もう」ととるかでは，後の
　　頑張りが違ってきます。「まだ20kmしか走れない」だと「残り
　　20.195kmもあるのか！」となりますが，「もう20kmも走れる

ようになったんだ」と思えれば，「あと 20.195km 走ればゴール
だな」と考えることができます。この場合も「心の元気度＝ま
だくもう」です。

(4) 「今年に入ってまだ 5 月。あと 7 ヶ月もあるよ。大丈夫，大丈
夫。」
1 年を単位として忙しく仕事をする人にとっては，1 年はあっ
という間です「もう 5 ヶ月もたってしまった」と思えば「この
5 ヶ月，いったい何をしてきたんだろう。なんにもできなかっ
たような気がする。」となりますが，「まだ 5 ヶ月，あと 7 ヶ月
は残っている」と思えれば，たとえそれまでに満足のいく仕事
ができていなくても，挽回できると考えることができます。こ
の場合は「心の元気度＝まだ＞もう」です。

(5) 「もう半分終わったんだ！　あと半分で終わりだね。」
宿題がたくさん出ました。友達は「まだ半分しか終わってな
い」とがっかりした様子。でもこの時「もう半分終わったん
だ！」と言ってあげれば，残っている宿題の量ではなく，やり
とげた宿題の量が強調されて，あと半分も終わらせようという
「やる気」が出るかもしれません。この場合は「心の元気度＝ま
だくもう」です。

● 「～しかない」と「～もある」
　練習課題の答えの一例 [☞ p. 19]

(1) 「試験まで一週間もある」
この表現なら，「一週間はあるんだから，その間に一生懸命勉強
すればなんとかなる」と試験に対してやる気が起こってきます。

(2) 「目標は 100 万貯金。50 万も貯まったぞ！」
「50 万しかない」という表現は，「100 万に到達するために，ま
だ 50 万円貯めなければいけない」という，100 万から引き算を
した考え方です。「50 万もある」という表現は，「ゼロから初め
て 50 万にもなった」という足し算の考え方です。引き算の考

59

解答集

え方では「不足感」が残りますが，足し算の考え方なら「達成感」になります。

(3)「今月は出費が重なったけど，給料日まであと1万円もある。」
「1万円しかない」と考えれば，「あれもできない，これもできない」と行動が制限されて欲求不満の状態になります。「1万もあるんだから」と考えられれば，「その1万を最大限に活用して使おう」と前向きになることができます。「節約するためにお金を使うのを制限する」のではなくて，「今あるお金をどうしたら，最も活かした使い方ができるか」と考えるほうがずっと楽しいのではないでしょうか。

(4)「ダイエット，目標は10kg減量。5kgも減量したぞ。」
この表現も（2）と同じで引き算の発想と足し算の発想の違いです。10kg減量まで何キロ足りないか（不足感）でとらえるか，ゼロから減量を始めて5kgも減量できた（達成感）でとらえるのとでは，後の「やる気」に差が出てきます。

(5)「昨日は4時間も寝た。」
忙しい時には十分な睡眠時間がとれない時もあります。そんな時に睡眠時間は同じ4時間であっても「4時間しか寝てない」と思うのと，「4時間も寝た」と思うのでは，心の元気が違ってきます。言葉にはプラシーボ効果があります。偽薬でも効くと思って飲むと効果があるというのがプラシーボ効果です。「全然寝てないわけじゃない。4時間も寝たんだから大丈夫」と思うと，本当に心が元気になってきます。

● 「でも〜」で否定するより，肯定的な表現（「そして〜」）でつなげよう

練習課題の答えの一例 ［☞ p. 27］

(1)「それに服のセンスもなかなかいいよ。」
せっかく「A子は美人だ」と相手が褒めているのに，聞き手は「でも性格よくないよね」と否定的に受けています。これで

は話が進まないばかりか，話がA子さんの悪口になりかねません。人の悪口を言うことは，ストレスの発散ではなく，ストレスの貯蓄になります。悪口を言うことで，ある程度のうっぷんを晴らすのはストレス発散になるでしょう。でも度の過ぎた悪口は自分に戻ってきて，ストレスの貯蓄になるのです。悪口を言い過ぎた後，自己嫌悪とともに，妙な疲れがたまった経験，ありませんか？

(2)「いいねぇ。ラッキーなこと，これからも続くよ！」

言葉には「言霊（ことだま＝言葉に宿る魂)」があります。「幸せ」「ラッキー」「嬉しい」といつも口にしていると，心もその気になります。楽しい人の周りには楽しい人が，幸せな人の周りには幸せな人が集まります。いいことも集まります。相手が「ラッキー！」と喜んでいる時には，心から一緒に喜んであげましょう。「いいことは，これからも続くよ！」という言葉は，めぐりめぐって，きっとあなたの所へ戻ってきます。

(3)「そうだね。信頼できそうな人だよね。」

「真面目で正直」のプラスのイメージである「信頼できそう」を強調するのと，「面白くなさそう」というマイナスのイメージを強調するのとでは，大きな違いがあります。しかもどちらも「予測」に過ぎません。予測は話題に上がっている人を判断する時の「思い込みの枠」を創ります。そして「思い込みの枠」は第一印象につながりやすいもの。その人の本当の姿を知る前に，よくない印象を持って決めつけてしまうのは，決していいことではありません。

(4)「ほんとだね。価格もリーズナブルだしね。」

練習課題の例では，話し手は自分が行ったレストランを褒めているのに，聞き手は「でも注文が出てくるのに時間がかかるよね」と水をさしています。注文が出てくるのに時間がかかるのは，そのレストランの料理がすでに調理してあるものではなく，きちんと注文を聞いてから調理をしているからかもしれません。

解答集

この会話のように「でも～」で受けられると，話し手は話をつなぐことが難しくなります。話し手は自分の評価に同意してほしいわけですから，その話し手の気持ちを汲んで言葉を返したいものです。

(5)「そうですね。今後の売り上げが期待できますね。」

営業戦略は営業マンのやる気と密接に関係してきます。せっかく「今年の営業戦略はうまく行きそう」と話し手が言っているのに，「でもお金がかかるんだよね」という受け答えでは営業マンのやる気を奪ってしまいます。ここは「今度の売り上げが期待できますね」という前向きな一言で，みんなのやる気をかきたてたいところです。

◉「～て言うか」「だって」「そう言うけれど」「でもね」はNG
　練習課題の答えの一例［☞ p. 30］

(1)「そうねぇ。今月はちょっと無理だけど，次のお給料が出たら
　　行きましょう。」

「なにかおいしいモノを食べに行こう」という提案に対して「無理よ」と言い切ってしまうと，提案したほうはがっかりします。「そうねぇ」で柔らかく肯定しておいて，「次のお給料が出たら行きましょう」という新しい提案を出せば，相手を傷つけなくてすみますし，話をさえぎらなくてすみます。

(2)「野球もサッカーも面白いよね。野球やサッカーの特にどんな
　　ところが面白いと思う？」

A男さんは「野球やサッカーが好きだ」と自分の趣味について話をしています。それに対して練習課題の最初の例では，B男さんは，A男さんの話には乗らないで，「自分はバスケットが好き」という自分の話に持っていっています。しかし解答例で示した表現方法だと，B男さんはきちんとA男さんの話に沿って，話を盛り上げています。A男さんはB男さんの「特に野球やサッカーのどんなところが面白いと思う？」という質問に対

してさらに楽しく話を展開してくれるでしょう。

(3) 「いいねぇ，で，どこに行くの？」

せっかく「今年は海外へ行きたい」という自分の夢を語ってくれているA子さん。それに対して「海外旅行なんてお金がかかって疲れるだけよ」と水をさされては，これ以上B子さんには自分の夢を話したくなくなります。「いいねぇ」でA子さんの話に寄り添って，さらに「どこに行くの」と聴いてもらえば，A子さんはB子さんが自分の話をしっかり聴いてくれていること，そしてB子さんがA子さんをきちんと受け容れてくれていることを感じるでしょう。

(4) 「新しい車か。いいなぁ。どの車にするの？」

「おまえはいいよなぁ」とB男さんに言われてしまうと，A男さんは「おまえのところ，そんなに大変なのか？」と聞き返し，その結果，A男さんの話はB男さんの話になってしまう可能性があります。それに対し，「いいなぁ」と肯定されて，さらに「どこの車にするの？」と積極的な興味を示してもらえれば，A男さんは，B男さんが自分の話をしっかり聴いてくれていることを実感することができるでしょう。

(5) 「そうねぇ，勉強頑張ればきっとなれるよ。」

「お前ならきっとできるよ」と言って育てられた子供は，自分の夢に向かって積極的に努力をする傾向があります。反対に「お前なんかたいしたことない」と言われて育った子供は，夢に挑戦する前に諦めてしまう傾向があります。親から子供への表現ひとつにも配慮したいものです。

● 「が」と「で」の違い
　練習課題の答えの一例 ［☞ p. 32］

(1) 「クッキーがいいな。」

「クッキーでいいや」と「クッキーがいいな」とほんの少ししか表現は違わないのに，「クッキーでいいや」だと多少投げやり

な感じがし，「クッキーがいいな」だと積極的にそれを選ぶ好意が伝わってきます。手作りして頑張った人にしてみれば，この「で」と「が」の違いは小さくないはず。

(2)「グアムがいいな。」

「グアムでいいや」だと「旅行そのものに対して熱意が感じられない」，さらに深読みすれば，「『ワタシと一緒に行く旅行』がどうでもいい」とも解釈されかねません。けんかの引き金になりそうです。でも「グアムがいいな」だときちんと旅に対する熱意が伝わります。この違いも無視できなさそうです。

(3)「カレーがいいな。」

忙しい中で家族の健康を考え，一生懸命献立を考えて作ってくれる人。毎日の献立を考えるのは大変です。その人への感謝もこめて，「〜がいい，それとも〜がいい？」と聴かれたら，誠意を持って「〜がいい」と答えてください。「ありがとう」をつければもっと感謝の気持ちが伝わります。

(4)「フレンチがいいな。」

せっかくのデート。いろいろ考えて提案してくれる人。その人に対して，「フレンチでいいや」はちょっと失礼。相手が提案するために使った愛情やエネルギーや時間に対してきちんと言葉で感謝すべき。その最初の一歩が「で」ではくて「が」を使うことです。

(5)「指輪がいいな。」

お誕生日のプレゼント。きっとくれる人は「あれでもない，これでもない」と一生懸命考えたはず。プレゼントをあげようという気になってくれた好意に感謝，そして実際にくれるという行為にも感謝です。「指輪がいいな。本当にありがとう」ととびっきりの笑顔で返したものです。

実感コミュニケーションの答えの一例 ［☞ p. 34］

● I メッセージと You メッセージ

練習課題の答えの一例 ［☞ p. 37］

(1)「あなたがたばこをやめないと，あなたの健康状態がとても心配なの。」

　この表現では相手がタバコをやめないことを非難しないで，自分が相手の健康状態を気遣っていることが伝わりますね。

解答集

(2)「君が遅れてくると，なにかあったんじゃないかと，とても落ち着かないんだ。」
　　この表現でも相手を非難せずに自分が落ち着かない状態であることが伝わります。

(3)「あなたの部屋をちゃんと整理してないと，肝心なときに探し物が見つからないんじゃないかと心配だ。」
　　この表現では，なぜ相手が部屋を整理しない点を指摘しているのか，その理由がわかります。

(4)「悪いけど少し手伝ってくれると嬉しい。ふたりでやって早く片付けて，後でなにか楽しいことしましょうよ。」
　　この表現では相手を非難していないだけでなく，ふたりで片付けることが，先のもっと楽しい時間へつながることを強調して，お得感を伝えています。

(5)「君の決断に時間がかかると，プロジェクト全体の進行に支障が出るんじゃないかと気がかりなんだ。」
　　この表現だと，チーム全体に迷惑がかかることを強調することによって，本人だけを非難しているのではないことを伝えようとしています。

● 「どうして〜なのよ（なんだ）」を「〜してほしい」に
　練習課題の答えの一例 ［☞ p. 39］

(1)「部屋の中は綺麗にしておいてね。そうしないと必要なものがすぐ出てこないでしょ。」
　　頭ごなしの「どうして〜」という言い方から，「部屋の中を綺麗にしておいてほしい」という要望を伝える形に変わり，その理由も付け加えています。

(2)「伝票はなるべく早く出してほしい。でないと事務処理に時間がかかってしまうんだ。」
　　「どうして〜？」と聞かれると，伝票を書くのに手間取る理由があっても伝えることができません。上記のような聞き方をされ

れば，伝票を書くのに手間取る理由が，その方法を教えてもら
っていなかったことにある場合には，それを伝えることができ
ます。

(3)「親の言うことにも耳を傾けてほしい。おまえのことを気遣っ
　　ているんだよ。」
　　親から高圧的に「親の言うことを聞け」といわれても，子供は
　　反抗するばかり。それを「親の言うことにも耳を傾けてほし
　　い。」というリクエストに変えて，「子供のことを気遣っている」
　　という気持ちも伝えれば，子供も受け答えしやすくなるはず。

(4)「いったん始めたら簡単に途中で諦めないでほしい。もう少し
　　頑張れば目標に達することができるかもしれないじゃない。」
　　「どうしてなんでも途中で諦めてしまうの？」という言い方の
　　後には「ほんとうに情けない」が続きそうです。親に「情けな
　　い」と思われるのは，子供にとってはなにより辛いこと。リク
　　エストに変えて，途中で諦めないことのメリットを付け加えま
　　しょう。

(5)「もう少し夜は早く帰ってきてほしい。あまり遅くなると心配
　　なんだよ。」
　　「どうして～？」で始まる強い表現では，相手は非難されている
　　としか思えません。リクエストに変えて，その理由が親の子供
　　に対する気遣いにあることを伝えることで，ずっと真意が伝わ
　　りやすくなります。

(6)「試験ではもう少し頑張ってほしい。一回一回の試験を大事に
　　しないと，後から取り返すのが大変だよ。」
　　「どうして試験でこんな点しかとれないんだ？」という表現では，
　　親が子供の将来を案じているというより，親のプライドを傷つ
　　けているというニュアンスが強くなります。あくまでも子供の
　　将来を考えているという理由をつけることで，子供もアドバイ
　　スを受け取りやすくなります・

(7)「お酒を飲んで帰ってくる日を減らしてほしい。あなたの健康

解答集

　　が心配だから。」

　　妻に強い調子で出られると，ひょっとしたら，たいして楽しく
　もないお酒を夫が「付き合い」で飲んでいる場合，逆ギレする
　可能性がありそうです。「あなたの健康を心配している」とい
　う理由を強調することで，夫の気持ちも和らぐかも。

● 「どうも」の中身を正確に
　練習課題の答えの一例 [☞ p. 42]
(1)「どうもありがとう。」
(2)「あれっ，どうもすみません。」
(3)「え，気がつきませんでした。どうもすみません。」
(4)「えっ，そうなんだ。どうもありがとう。」
(5)「それは，どうもすみません！」
(6)「どうもありがとう。」
(7)「あれっ，どうもすみません。」
(8)「え，気がつきませんでした。どうもすいません。」
(9)「どうもありがとう。」
(10)「いやぁ，どうも，どうも，本当にお久しぶりですね！」

● 「ありがとう」と「すみません」
　練習課題の答えの一例 [☞ p. 45]
「すみません。」→「ありがとう。」

● ①「よろしかったですか」（過去形）→「よろしいですか」（現
　　在形）
②「〜円のほうからで」→「のお預かりで」
③「飲まれる」→「召し上がる」
　練習課題の答えの一例 [☞ p. 49]
(1)「ダブルの部屋でよろしいですか？」
(2)「お酒を召し上がりますか？」

(3)「ご注文のお品はこれでよろしいですか？」

(4)「10,000円のお預かりでよろしいですか？」

(5)「お名前はこちらでお間違いありませんか？」

◉「とか」→「は」「が」「を」「へ」
　練習課題の答えの一例 ［☞ p. 51］

(1)「コーヒーはいかがですか？」

　　「とか」→「は」

(2)「会議をやるんですか？」

　　「とか」→「を」

(3)「水曜はどう？」

　　「とか」→「は」

(4)「コピーは（が）必要ですか？」

　　「とか」→「は（が）」

(5)「ドライブがしたいな。」

　　「とか」→「が」

(6)「今日は日差しが強いよ。日焼け止めを塗らなくて大丈夫？」

　　「とか」→「を」

(7)「新宿へ行って，カラオケをしない？」

　　「とか」→「へ」「を」

◉いつ，誰が，どこで，なぜ，何を，どうした（5W1H）を伝える
　練習課題の答えの一例 ［☞ p. 54］

(1)「変更の理由はなんだろう？それと木曜日の何時からどこでゼミをやるの？」

　　練習課題で示されている情報では「いつ」「どこで」についての詳細な情報と，変更の理由が抜けています。その情報を確認する質問です。

(2)「どなたのためのご予約ですか？　何日の何時から，どんな場所を予約すればよろしいでしょうか？」

69

解答集

練習課題で示されている情報では「いつ」「どこで」「誰が」についての情報が抜けています。

(3)「夏休みのいつからいつまで，どんな目的でどこに行く予定なの？」

練習課題で示されている情報では「いつ」「どこで」「なぜ」についての情報が抜けています。

(4)「何時頃，どんなご用件で電話がありましたか？」

練習課題で示されているのは，誰から電話があったかについての情報だけです。それ以外の情報を確認しましょう。

(5)「明日の午前中の何時に，どこへ，なにで（車か公共の乗り物か）で迎えに行けばよろしいですか？」

練習課題で示されている情報では「いつ」についての詳細な情報，そして，「どこで」「どうやって（how）」についての情報が抜けています。

索　引

あ行
あいづち　7, 9
曖昧な表現　51
"I'm sorry."　44
I メッセージ　35
謝る　44
「ありがとう」と「すみません」　35
「ありがとう」は「笑顔製造機」　45

意思を伝える　35
依頼　44

笑顔のコミュニケーション　46
"Excuse me."　44

か行
会話　5
会話を始める　5
顔じゃんけん　46
拡大　10
価値観　25
「が」と「で」　25, 31
観察　6, 24
観察者　14
感謝　44
感情の通い合うコミュニケーション　39
感情のピンポンゲーム　29
関心　21
関連情報　7

聞き手　14
気遣い　6
「気づく」　20

具体的　20, 23

好意と感謝を素直に伝える　31
肯定　25
肯定的　19, 26
心の元気度　17
心のベクトル　19
答えやすい質問　5

5W1H　47, 52
こだわり　21, 24
言葉を短く繰り返す　5
コミュニケーション　6, 29
コミュニケーションゲーム　46

さ行
さえぎらない練習　29
"Thank you."　44
ジェスチャー・ゲーム　46
「〜しかない」と「〜もある」　15
自己防御の態勢　39
質問　7, 9
質問のしかた　39
自分の意思を伝える表現方法　41
承認　7

スムーズ　10

正確に情報を伝える　52
選択肢　11

その場で　20
尊重　25

た行
タイミング　23
正しい日本語　47
他の人に伝える　14

積み重ね　19

提案　12
「でも」　25
伝達ゲーム　46
伝聞　20, 22

「どうして〜なの」を「〜してほしい」　35
「どうも」　35, 41
「どうも」の意味は3種類　41
「どうも」の中身　41

「〜とか」　47
閉ざされた質問　5, 11

な行
日本語の乱れ　48
人間関係の基本　21
人間関係を円滑にするコツ　20

は行
漠然としている　39
話し手　14
話せる状態の確認　6
場の空気を読めない　6
場のふんいき　46
反応のある会話　14
反応のない会話　14

否定　26
一言の追加情報　9
人を褒める　20
非難しないで不満を表現する　35, 36, 38
評価　25
表現　15
開かれた質問　5, 11

深堀　10
不満　19
プラスの面を強調　19
プラス方向　19
褒める　15

ま・や行
短く繰り返す　7

「もう」と「まだ」　15

You メッセージ　35

要約　14
「よろしかったですか」　47

71

執筆者紹介

土倉玲子（つちくら・れいこ）

早稲田大学第一文学部英文科卒（1976 年）。北海道大学
大学院文学研究科行動システム科学科社会心理学修了
（2002 年）。博士（行動科学）。

主な著作として『自分が変われば相手も変わる―「感情
適応力」でパートナーとの関係を活性化する』（ナカニシ
ヤ出版，2007 年），『夫ががんになったら―夫婦で立ち向
かうためには』（北海道新聞社，2012 年）。

コミュニケーション練習帳

2016 年 2 月 29 日　　初版第 1 刷発行

著　者　土倉玲子
発行者　中西健夫
発行所　株式会社ナカニシヤ出版
☎ 606-8161　京都市左京区一乗寺木ノ本町 15 番地
Telephone　075-723-0111
Facsimile　075-723-0095
Website　http://www.nakanishiya.co.jp/
Email　iihon-ippai@nakanishiya.co.jp
郵便振替　01030-0-13128

印刷・製本＝ファインワークス／装幀＝白沢　正
Copyright © 2016 by R. Tsuchikura.
Printed in Japan.
ISBN978-4-7795-1022-9

本書のコピー，スキャン，デジタル化等の無断複製は著作権法上の例外を除き禁じられています。本書を代行業者の第三者に
依頼してスキャンやデジタル化することはたとえ個人や家庭内の利用であっても著作権法上認められていません。